UN ÉLECTEUR

DU DÉPARTEMENT

DE SEINE-ET-OISE,

A SES COLLÈGUES.

PARIS. — IMPRIMERIE ET FONDERIE DE FAIN,
RUE RACINE, Nº. 4, PLACE DE L'ODÉON.

UN ÉLECTEUR

DU DÉPARTEMENT

DE SEINE-ET-OISE,

A SES COLLÈGUES.

PARIS.

DELAUNAY, LIBRAIRE

DE SON ALTESSE ROYALE MADAME LA DUCHESSE D'ORLÉANS,
PALAIS-ROYAL.

JUILLET 1830.

UN ÉLECTEUR

DU DÉPARTEMENT

DE SEINE-ET-OISE.

A SES COLLÈGUES.

Messieurs,

Le nouveau subterfuge par lequel le ministère vient de donner une entorse aux élections de vingt départemens, et qui, il faut l'espérer, ne sera qu'un coup d'épée dans l'eau, m'a fait naître l'idée de vous adresser, au sujet de ces élections, quelques observations, fruit d'une vieille expérience sur cette matière qu'on s'en va corrompant de plus en plus et qu'on trouve toujours trop vivace.

Je serais heureux d'apprendre que vous les auriez jugées, en tout ou partie, utiles à la chose publique, dont ce ministère se joue évidemment plus encore que ses devanciers, et qu'au train dont il va il est à craindre qu'il ne mette en grand péril avant peu.

Ayant fait ma première campagne électorale en 1789, à l'assemblée de mon bailliage, qui me fit même l'honneur de me nommer l'un des quatre rédacteurs et porteurs de son cahier de plaintes et de doléances, à l'assemblée générale de la prévôté et vicomté de Paris, où je concourus au choix des députés des états-généraux, je suis, comme vous voyez, l'un des vétérans de l'électorat, et peux, sans indiscrétion parler sur cet objet.

Pour mieux mettre le public à même de savoir qui ose se flatter de l'instruire dans ces temps si éclatans de lumières, je crois devoir aussi annoncer que, par suite de ce premier acte d'insigne confiance de mes concitoyens, j'ai été par eux successivement porté à tous les emplois administratifs de mon département, et même, moi, véritable paysan du Danube, jusqu'au corps-législatif, où, il est vrai, d'après ce titre originaire sans doute, j'ai été jugé indigne de siéger, tout comme l'a été, dans ces derniers temps, le plus instruit et le plus éloquent de nos députés, tant il est vrai que la vérité *nue* est redoutable aux gouvernans de quelque part qu'elle leur soit adressée.

J'ajouterai encore ici, quelque dédain que cela puisse me valoir de certaines gens, à la face desquels toutefois, citoyen sans reproche, je puis me présenter fier de n'avoir pas dévié de la cause nationale et de lui avoir sacrifié, dix années durant, fortune, repos et santé; j'ajouterai, dis-je, que, depuis cette célèbre époque de notre régénération politique, j'ai fait partie de ce nombre immense d'électeurs qu'on nommait *patriotes*, qualification que j'ai toujours préférée à celle de libéral qu'on a voulu substituer [1], parce qu'elle me rappelle mieux cette maxime sacrée des peuples libres : *la patrie avant tout*, et que nous lui devons les plus beaux actes de dévouement des Français, notamment cette mémorable explosion civique et belliqueuse de notre jeunesse de 1792 contre les étrangers envahissant nos frontières !

Ainsi, c'est animé des sentimens que fit naître ce dévouement sublime dans l'âme de tout ami de son pays, que j'ai pris part à tant d'élections qui ont eu lieu depuis lors jusqu'à ce jour, et parmi lesquelles, Messieurs, j'en ai vues de nature bien différentes ; c'est-à-dire de très-pures d'abord, ensuite de plus ou moins altérées par les intrigues du pouvoir, et enfin nos dernières et nos avant-dernières, où ce pouvoir n'a pas hésité à employer les moyens les plus bas pour *filouter* des majorités, comme le lui a reproché techniquement un honorable pair de France, ci-devant grand seigneur, maintenant grand citoyen, titre qui le recommandera mieux que le premier à la postérité.

A voir en effet, Messieurs, ce qui se passe aujourd'hui dans nos colléges, combien n'a-t-on pas à regretter ces temps de liberté franche et entière, redoutés des mauvais gouvernans seuls, et où, au milieu de réunions vraiment amicales, on procédait aux élections avec d'autant plus de sécurité et d'accord, qu'étant exempts de ce dangereux contact ministériel, tout fonctionnaire, tout employé public y votait d'après la seule inspiration de sa conscience comme les électeurs indépendans du gouvernement.

[1] Qu'est-ce que ce mot libéral
Que des hommes d'un nouveau calibre
Vont fourrant partout bien ou mal?
C'est un diminutif de libre. (*Pons-de-Verdun.*)

Tant qu'on n'aura pas rétabli ce principe sacré de l'exercice du droit électoral, comment oser se permettre de présenter au prince le choix de ces colléges comme l'exact vœu de la France libre qui est déjà pour si peu dans ses élections?

Cet heureux retour à la morale et à la justice rendrait plus d'un service à la chose publique; il éviterait surtout à des Français, dont le nom seul comporte l'idée de loyauté, la tâche si pénible de surveiller, que dis-je, de suspecter comme fraudeurs nos présidens, candidats imposés, et les autres membres, leurs créatures, qu'ils appellent aux bureaux, où, autrefois, on ne voyait que des citoyens candidats aussi, mais qu'on respectait et même affectionnait, les ayant par *choix* placés là comme point de mire pour la députation.

Aussi quel contraste, bon Dieu! entre le riant tableau qu'offraient nos premières assemblées électorales, et le triste aspect de celles des jours néfastes sous lesquels nous vivons. Et ce sont ces temps d'union qu'on a traités d'anarchiques!

Vit-on jamais en effet, Messieurs, rien de comparable aux iniquités ministérielles qui ont eu lieu à nos deux dernières époques d'élections, et dont, à en juger par les circulaires sorties du noble cerveau de M. le président du conseil qui, visiblement, ne l'a pas aimanté auprès de celui de Minerve pour en tirer quelque vertu, on nous prépare une troisième représentation.

Quoi! c'est après l'humiliation et l'échec que M. de Villèle, son digne précurseur, et plus rusé que lui assurément, a éprouvés en 1827, que M. de Polignac croit encore à la possibilité de dicter les choix dans les colléges électoraux?

Il est vrai, et on ne craint pas de l'annoncer officiellement, tant l'immoralité est à l'ordre du jour, qu'à tant de moyens frauduleux employés par ordre du ministère déplorable, à l'injonction du vote aux fonctionnaires et employés *civils* dont ce ministère avait fait aussi usage, M. de Polignac compte pouvoir ajouter les suffrages commandés des officiers de l'armée, même des lieutenans généraux, en poussant l'audace et l'outrage envers ces derniers, jusqu'à tenter de les transformer en vils délateurs de leurs compagnons de gloire qui voudraient voter suivant leur conscience.

Et comment cet audacieux ministère n'a-t-il donc pas

craint de retrouver parmi ces chefs supérieurs de nos armées, qui ont acquis leur illustration en défendant, trente années durant, ces mêmes libertés et l'indépendance de leur patrie, et qu'il charge d'une mission si ignoble, cette noble fierté qui dicta, sous l'ancien régime même, à un de leur pareil en dignité, cette belle réponse, à un ordre inique aussi, et seulement, il est vrai, plus cruel, mais toujours à exécuter contre des dissidens pour cas de conscience : « Employez, sire, nos personnes. » (*Voyez, gouverneur d'Orthez*).

Ah ! croyons, Messieurs, dans l'intérêt de nos grands dignitaires, qu'ils ont fait plus d'un acte marqué au coin de cette noble indépendance, que le pouvoir a soigneusement évité de publier.

Attaquer ainsi de nouveau, et avec plus d'indécence que jamais, le plus précieux des droits des citoyens, et cela après deux années d'amélioration apportée dans la pensée et la marche du gouvernement par un heureux rapprochement des partis, et encore, dans la circonstance présente, où l'on ne peut méconnaître, sans se couvrir de honte, le vœu hautement prononcé de tous les électeurs, qu'on appelle libéraux, de n'envoyer à la chambre des députés que des royalistes-constitutionnels pleins de probité, d'honneur, et de talens utiles à la patrie, n'est-ce pas s'être dépouillé de toute pudeur, insulter grossièrement à la raison et à la vérité, en un mot, présenter à la France le hideux spectacle du despotisme et de la démence en guerre ouverte avec les libertés publiques et les principes consacrés par le pacte fondamental ?

Et quand on pense que de pareils exemples sont donnés par les conseillers intimes d'un monarque qui prend le titre de père de ses sujets, comment ne pas gémir et ne pas s'alarmer tout à la fois sur l'avenir du père et de ses enfans, dont la Charte, fidèlement exécutée, assurerait la sécurité, la gloire et le bonheur.

Il sera donc vrai qu'un passé, tout près de nous encore, si terriblement instructif sur les dangers auxquels peuvent être exposées les couronnes luttant contre des nations éclairées sur leurs droits dans les temps de crises politiques (et n'en sommes-nous pas là ?), n'aura produit aucune impression sur les conseillers de la couronne assez aveugles pour marcher au contraire de plus en plus chaque jour en sens inverse des opinions et des intérêts de leur pays.

Du moins M. de Polignac, leur chef, qui a tant vécu chez nos voisins d'outre-mer ; M. de Polignac, si grand partisan de leur constitution, qu'il vient de tenter par ses nobles circulaires d'en introduire la partie honteuse dans notre système électoral, n'aurait pas dû, lui, avoir oublié aux dépens de qui là aussi cette constitution a été obtenue. Quel avertissement qu'un tel exemple, pour un homme qui s'annonce comme animé d'un dévoûment sans bornes pour la dynastie !

Au surplus, Messieurs, quels que puissent être les grands desseins de ces hommes d'état sur l'avenir de notre belle France, ne serait-ce pas prudence à eux de ne pas perdre de vue qu'ils ont précisément affaire à une nation éclairée, fière de vingt-cinq années de travaux gigantesques en tous genres, instruite par quarante de maniement des affaires publiques, forte enfin d'une population de trente-deux millions d'âmes ; et il est bon d'observer ici que cette population s'est trouvée augmentée d'un quart depuis la révolution, qui nous a coûté pourtant deux millions de citoyens. Ce fait suffit pour prouver que la France n'a pas manqué de ressources au milieu de ses pertes : il sert aussi de réponse à cette ridicule et vindicative épithète de malheureuse que lui donnent ses ennemis, jaloux sans doute de la gloire et de la prospérité qu'elle a acquises sans eux qui étaient allés se coaliser contre elle avec les puissances étrangères.

Et c'est un peuple rempli de si hauts souvenirs ; un peuple qui, avec bien moins de moyens matériels et intellectuels qu'à présent, s'est fait redouter de l'Europe qui voulait l'empêcher d'être libre, que des gouvernans d'un jour voudraient remettre sous le joug !

Convaincus qu'ils emploieraient en vain pour l'asservir la force publique, née de cette révolution et dont ils ne sont parvenus que par une intrigue de cour à obtenir la direction, c'est par les élections du peuple, son moyen naturel et paisible de salut contre les usurpations du pouvoir, qu'ils se flattent de réussir dans leur funeste projet. Le principe fondamental de notre liberté est en effet dans le droit d'élection ; mais l'exercice de ce droit a été renfermé en des limites trop étroites et borné à un trop petit nombre de citoyens pour que nous laissions le ministère s'immiscer dans ces élections, non plus peut-être avec les manœuvres de la fraude sans pudeur qui ont déshonoré à jamais le ministère déplorable, mais à l'aide de captation et de menaces qui se laissent apercevoir aisément dans ses diverses circulaires, tout à la fois doucereuses et impérieuses afin qu'elles puissent en imposer aux diverses trempes d'esprit; circulaires toutefois que leurs auteurs doivent bien s'attendre à ne voir produire aucun fruit hors de leur destination spéciale, si même là, je me trompe, elles auront servi auprès des électeurs indépendans à augmenter la haine qu'ils portent à tous les membres d'un ministère despotique, arbitraire et inquisitorial (car il tient de tous ces vices), et conséquemment à leur faire désirer plus fortement que jamais l'éloignement de ces mauvais conseillers du trône.

Cette heureuse indépendance, Messieurs, me fait priser si haut la qualité électorale, telle que j'en conçois l'exercice sous notre gouvernement représentatif, et l'état de crise où je vois ma patrie me met dans une telle anxiété, que je crois de mon devoir, et que je pense faire acte de citoyen fidèle, de déclarer aux dépositaires du pouvoir, et particulièrement à M. le président du conseil, qui a contresigné la proclamation royale adressée si inconvenablement, selon moi, à chaque électeur en son domicile, que ne connaissant à personne en ce monde le droit de contraindre la conscience, le plus beau présent que la Divinité ait fait à l'homme, je ne puis considérer cet acte que comme ses autres circulaires, ne pouvant ni ne devant pas y voir une injonction personnelle du monarque. En effet, quelle que soit la réunion des pouvoirs du prince, pouvoirs que nous nous plaisons à reconnaître et à respecter, il ne doit pas plus que son ministère chercher à influencer les élections, attendu que la Charte, qu'il a jurée ainsi que son prédécesseur, la Charte à laquelle je dois obéir de préférence à toute autorité sur la terre, les *veut* libres et indépendantes ! Cependant, si on laissait les ministres et les délégués du pouvoir tirer toutes les conséquences de leur prédilection pour le gouvernement du bon plaisir, leur audace anti-constitutionnelle irait bientôt jusqu'à soutenir, et leurs journaux ne nous le disent-ils pas effrontément? qu'au monarque appartient le droit de nous désigner les députés que nous devons investir de la mission de leur dire si, ou non, le peuple est content des ministres qui administrent ses affaires. Voilà pourtant ce qu'on se permettrait si nous n'opposions pas sans cesse cette Charte comme un obstacle invincible aux prétentions de ces ministres et des autres partisans de l'arbitraire. Quelles conséquences ne résulteraient pas du triomphe de leur doctrine, à en juger par les candidats qu'ils voudraient nous imposer au nom du prince, candidats presque tous choisis parmi les hommes dont nous avons à nous plaindre ou à redouter la gestion entièrement contraire aux intérêts nationaux! Mais on conçoit facilement que des ministres toujours en hostilité avec le pacte fondamental désirent voir leurs créatures siéger dans la chambre destinée à les surveiller, et, au besoin, à les mettre en accusation.

D'après cette explication franche et loyale, dictée par le bon sens et la conscience de nos droits, et aussi de nos devoirs, car ici nous agissons dans l'intérêt de tous les Français, on doit s'attendre à nous voir combattre énergiquement cette prétention extravagante dans nos colléges où, nous devons l'espérer, ceux de nos estimables collègues qui ont le malheur de dépendre du ministère par leurs fonctions sentiront la nécessité d'écouter avant tout leur conscience, et de s'unir à nous pour obtenir des élections constitutionnelles; leur premier devoir est l'obéissance à la Charte, que le prince a jurée lui-même, et qui consacre ses devoirs comme les nôtres; et s'il fallait offrir d'autres considérations à des hommes qui ont aussi à respecter leurs sermens au pacte fondamental, on pourrait rappeler, à ces électeurs revêtus de fonctions publiques par le gouvernement, l'heureux et décisif résultat des élections de 1827, qui ont purgé le trône et la France du ministère déplorable, bien autrement ancré dans le pouvoir que nos gouvernans actuels, qui ne font que d'y prendre pied, et dont la seule présence a suffi pour faire fuir de leurs postes élevés et lucratifs les serviteurs les plus distingués de la couronne.

Sans doute c'est la position à la fois chancelante et hors de toute mesure de nos hommes d'état du moment qui nous a valu la proclamation qu'ils ont lancée en France sous le nom auguste et révéré du monarque, mais qui n'en est pas moins, suivant le fait et suivant la doctrine constitutionnelle, l'ouvrage des seuls ministres, qui espèrent échapper ainsi à la foudre électorale qui va les frapper. Oui, peine perdue! espérance trompeuse! Les temps du dogme de l'obéissance superstitieuse sont passés; les temps favorables à la captation de l'esprit ne peuvent plus revenir, et le dépouillement des scrutins fera connaître que le règne de la vérité et de la justice est arrivé : les noms honorables de nos sept députés, votans de l'adresse, sortiront une seconde fois de l'urne civique, et cette fois leur nomination deviendra le témoignage de notre reconnaissance pour leurs bons et loyaux services.

Pour rendre ce triomphe plus complet encore, il n'est pas indifférent aujourd'hui d'être fort en majorité, car il s'*agit* aussi de détromper le monarque auprès duquel, d'après ce qu'on nous écrit en son nom, il est visible qu'on nous a calomniés, j'ai pensé qu'allant avoir cette année un grand nombre de nouveaux électeurs non au fait des manœuvres pratiquées par les agens du gouvernement dans nos assemblées, ni de la marche qu'on y suit et dont la plupart, probablement, n'ont pas une connaissance parfaite de leurs droits, circonstance qui va les rendre plus faciles à influencer par ces agens, parmi lesquels se trouveront des membres de leurs autorités habitués à un certain empire sur eux ; j'ai pensé, dis-je, qu'il serait utile de terminer ces réflexions et observations générales par un exposé succinct d'opinions d'hommes faits par leur haute position politique et sociale et l'étendue de leurs connaissances législatives, pour servir d'arbitres dans ce grand conflit électoral entre le peuple et ses gouvernans.

Chaque citation me paraît détruire de fond en comble le système de ces derniers, et je ne crois pas avoir vu nulle part rien d'aussi fort en faveur de l'indépendance des colléges électoraux. Nos adversaires n'auront pas à disputer sur les armes, je les ai été chercher dans leur arsenal.

Voyez, en effet, messieurs, ce que pensait en 1790 un des plus éloquens défenseurs du trône, M. le marquis de Lally-Tollendal sur ce premier droit électoral. En proposant au nom des membres du comité de constitution, et on sait quels hommes c'étaient, l'établissement de deux chambres législatives, voici comme il parlait de l'organisation *même* de la chambre haute, qualifiée seulement *sénatoriale :*

« Il est évident qu'à l'instant de la création, la première nomination devrait être faite, soit par les représentans, soit par les provinces, avec la simple ratification du roi. On ne peut imaginer de donner à la couronne une *influence* pareille à celle de deux cent cinquante nominations dans le corps législatif. »

Langage qu'un serviteur des Bourbons (M. le comte

de La Bourdonnaye) s'est plu, il y a quelques années, à répéter à la même tribune nationale, au sujet de la question de faire juger par la chambre des députés les insultes que pourraient lui adresser des hommes du dehors, que d'autres opinions voulaient qu'on renvoyât devant les tribunaux.

« Les chambres, dit-il, sont établies pour *limiter* le pouvoir royal et *combattre* sans cesse ce pouvoir, elles ne doivent donc pas lui soumettre leur dignité. »

Entendez du fond de la tombe, un autre défenseur du trône, M. Malouet sur la nature et les attributs de l'autorité royale.

La nation, selon lui, en instituant cette autorité, n'a entendu communiquer que la portion de souveraineté qu'elle ne peut exercer par elle-même. Le peuple, Messieurs, qui veut, qui détermine qu'il lui est utile d'avoir un roi qui l'institue comme centre de tous les pouvoirs, comme conservateur de tous les droits, a des précautions à prendre pour conserver, dans les mains d'un seul, l'autorité qu'il lui défère, et pour *empêcher* qu'il n'en abuse. Cette dernière intention est remplie de la part du peuple, en réservant à ses représentans l'exercice du pouvoir législatif et la *surveillance* du pouvoir exécutif. »

Écoutez encore ces paroles mémorables de ce fameux comte d'Antraigues, pour qui la royauté était aussi l'arche sainte, mais qui voulait pourtant, comme on le demande aujourd'hui, que le gouvernement respectât les droits du peuple :

« Aussitôt, nous dit-il, que la *moindre* partie du pouvoir exécutif se trouve *réunie* au pouvoir législatif, à l'instant la légitime représentation du peuple n'existe plus, et il est menacé par la tyrannie. »

Appuyé sur ces citations, dont il me serait facile de multiplier le nombre, je le demande, comment a-t-on pu porter l'oubli de tout principe constitutionnel, et même de toute morale, jusqu'à s'efforcer de dégrader, ainsi qu'on vient de le faire par les circulaires ministérielles, le précieux droit électoral consacré par le pacte fondamental ? Et serait-ce donc manquer au ministère, que de dire qu'il a voulu faire de nos colléges de véritables bourgs-pourris, et que de pareilles tentatives ne sauraient être avouées et respectées par une nation loyale et généreuse envers la couronne; par une nation qui, n'ayant pas été admise à donner son vote public, n'a pu accepter *tacitement* la Charte

que dans la croyance que le très-petit nombre de ses citoyens, appelés à exercer les droits de *tous*, le pourraient
faire en toute liberté de conscience, et sans crainte pour
leur personne et pour leur état.

J'ai parlé de bourgs-pourris ; mais, ô honte de notre
position ! ma comparaison me semble pêcher à notre dés-
avantage ; car ce qui se passe en Angleterre, dans les
assemblées électorales des lieux ainsi désignés, est du
moins en rapport avec quelques vieilles lois qui régissent
encore ces bourgs non libres (bourgs, M. de Polignac
doit le savoir, contre lesquels les hommes les plus sages
de ce royaume se récrient depuis long-temps), tandis que
chez nous la conduite du ministère est une violation ma-
nifeste de notre pacte social.

Puisque je viens d'avoir l'occasion de citer de nouveau
l'Angleterre, pays vraiment classique de la liberté, mais
où M. le président du conseil se plaît à aller chercher ses
moyens de gouvernement dans ce que la constitution de
ce pays offre de plus vicieux, comme il vient de nous en
donner un échantillon par la publicité de ses circulaires
électorales, son excellence, sur laquelle les opinions des
plus distinguées et des plus fermes partisans de la mo-
narchie, signalés ici, n'ont pu faire impression, ne saurait trouver déplacé que nous allions emprunter à sa terre
de prédilection des argumens à l'appui de ceux que nous
fournit la cause nationale.

Nous lui opposerons d'abord l'opinon que le fameux
William Pitt, dont il ne saurait suspecter les principes,
a justement émise à la chambre des communes de 1783 sur
le système électoral de son pays dont il demanda l'épu-
ration, afin, je copie ses paroles · « *De détruire l'influence
de la corruption mise en usage par la couronne pour obtenir une majorité favorable à ses vues.* »

C'est précisément là notre position depuis quinze ans ;
position que M. de Polignac veut aggraver. Voici les mo-
tifs de Pitt, que nous prions son excellence de méditer :

« Le beau système de gouvernement, dit-il, qui fait
de l'Angleterre l'objet de l'admiration et de l'envie de tous
les peuples, a dégénéré de sa pureté primitive, et les
représentans de la nation anglaise ont cessé, depuis long-
temps, d'avoir la moindre relation avec elle.

» Il est de l'essence de la constitution anglaise que le
peuple ait une part dans le gouvernement par le moyen
de la représentation. Or, cette représentation nationale,

pour réunir les degrés de durée et d'excellence auxquels elle a droit, doit être égale, facile et praticable, et complète; et elle a cessé d'avoir ces caractères, lorsque les représentans du peuple cessent d'avoir des rapports avec le peuple qui les nomme, et se trouvent où se placent dans la dépendance de la couronne ou de l'aristocratie. Il y a donc un défaut dans le mode de représentation, et y remédier n'est point innover, mais recouvrer des droits constitutionnels.

» Il est de fait qu'il est des villes ou bourgs qui sont sous l'*influence* directe de la trésorerie ou de l'administration des douanes, tels que les cinq ports, et tous les petits ports où les douaniers exercent leur office, et une action immédiate. »

« Un des vices de la représentation nationale est la durée des parlemens qu'il faudrait rendre *triennaux*, d'après une loi, abrogée depuis, du règne de Guillaume et Marie. » On sait que ces parlemens ont été rendus *septennaux* par un *abus de pouvoir*, comme on a fait des nôtres.

L'extrait ci-dessus est tiré du deuxième volume, page 71, de l'Histoire d'Angleterre par M. de Mont-Veran, qui, visiblement, l'a écrite avec une connaissance approfondie du pays. Dans ce volume l'auteur fait connaître, page 80 à 89, les divers titres d'exclusion à l'*électorat* d'une part, et à l'*éligibilité* de l'autre, des fonctionnaires et employés de la couronne, et le nombre en est immense.

On pourrait citer ici un autre exemple d'exclusion, pris dans un gouvernement représentatif, qui a encore plus de rapport avec le nôtre, celui des Pays-Bas, où l'article 92 de la loi fondamentale écarte de la représentation nationale les agens comptables.

Or, nous le demandons à M. de Polignac, n'est-il pas du dernier ridicule de sa part, de trouver notre système électoral, qui laisse à tous les agens du gouvernement la faculté de voter et d'être élus, encore trop démocratique? Et à qui croit-il pouvoir persuader qu'en attendant qu'il ait appliqué au mal, dans l'intérêt de la couronne, le remède nécessaire, probablement le remède indiqué par M. Cottu, il est de toute nécessité que tous les agens de celle-ci donnent leurs voix aux candidats qu'il plaira à son excellence de leur désigner : cela, vraiment, tient de la démence !

Je ne connais au surplus, Messieurs, rien de plus propre à faire ressortir tout le ridicule de cette injonction aux fonctionnaires et employés publics, que de rappeler encore ici une anecdote fort plaisante, et que je puise toujours, suivant ma coutume, dans un grave auteur royaliste, digne aussi d'être opposé à M. de Polignac, et auquel, quand je vais l'avoir nommé, il ne pourra refuser son estime, quoique le personnage dont j'invoque l'autorité, se rie de ce qu'admire son excellence. Voici l'anecdote :

« M. Beckford, un des plus riches particuliers des trois royaumes et même de l'Europe, car il possède 100 mille guinées de revenu, est possesseur d'un de ces anciens bourgs presque désert ; le peu d'habitans qui y restent étant dans sa dépendance absolue. Il leur envoya, il y a quelques années (ceci est écrit en 1814) un jeune avocat, beau parleur, pour qu'ils eussent à lui donner le titre de leur député. Après la cérémonie d'élection, le nouveau membre se crut obligé de faire un discours de remercîment aux soi-disant électeurs. Lorsqu'il eut fini sa harangue, un des cultivateurs se leva et lui répondit : Monsieur, vous avez trop de bonté ; ce que nous avons fait pour vous n'est que pour suivre les intentions de M. Beckford, et nous lui sommes tellement dévoués que si, au lieu de vous, il nous eût *désigné* son gros chien de Terre-Neuve, nous n'eussions pas voulu le refuser. » (*Duc de Levis, Angleterre au dix-neuvième siècle, page*. 325)

Voilà le rôle auquel M. de Polignac réduit les électeurs fonctionnaires !

Voilà le sort qu'il réserve aux élus !

J'ai cru utile de rappeler cette anecdote, et quelques autres vérités répandues dans cet écrit, et de les révéler aux corps électoraux, dans une circonstance où il s'agit de mettre un frein aux usurpations ministérielles et de rétablir la balance des pouvoirs.

Puisse cette révélation contribuer au succès de la cause constitutionnelle, le seul objet de mes vœux depuis quarante ans, et je m'écrirai comme Siméon : *J'ai assez vécu !*

GERMAIN,

cultivateur, électeur des petit et grand colléges, à Versailles

Bièvre, 1er. juillet 1830.